SMART COOKIE KID

For 3 - 4 year olds

Mary Khalil
Baha Kodir

序文

この発達ワークブックには、お子様の注意力、集中力、多元的知能、視覚的記憶、運動能力、批判的思考、学習能力、問題解決力、創造性などを高めるために設計された、さまざまな魅力的な演習が含まれています。　最適な結果を得るために、お子様には大人の指導の下、これらのアクティビティを順番に定期的に実行することをお勧めします。　この面白くて注意力を高める本のすべての演習には、明確な指示が付いています。　各エクササイズに特定の時間制限はありません。　　最も重要なことは、お子様が問題を解決したり、新しいスキルを学んだりしながら、楽しんで注意を集中できることです。お子様がアクティビティ中に指示がわかりにくいと感じた場合は、シンプルで共感できる説明や例を示して、その混乱を明確にすることが重要です。　　お子様が練習を無事に完了したときに、言葉で積極的に励ますことは、お子様のやる気を引き出す優れた方法です。　たとえば、「素晴らしい仕事をしていますね!」と言うことができます。　または「あなたは信じられないほど素晴らしいです！」

この本には、特に子供たちの想像力を魅了するよう、注意深く専門知識を駆使して作成された楽しいイラストが掲載されています。これらの優しい芸術作品は、プロのアーティストの才能の結晶です。

さらに、保護者が家で子供たちと質の高い絆を深められる時間を提供するために、楽しいゲーム ページも追加しました。　これらの楽しいゲームは、きっと思い出に残る瞬間を生み出し、あなたと小さなお子様との強いつながりを育むでしょう。

どれがスポーツマンのものかを見つけてマークしてください。

三角形の物体を見つけます。

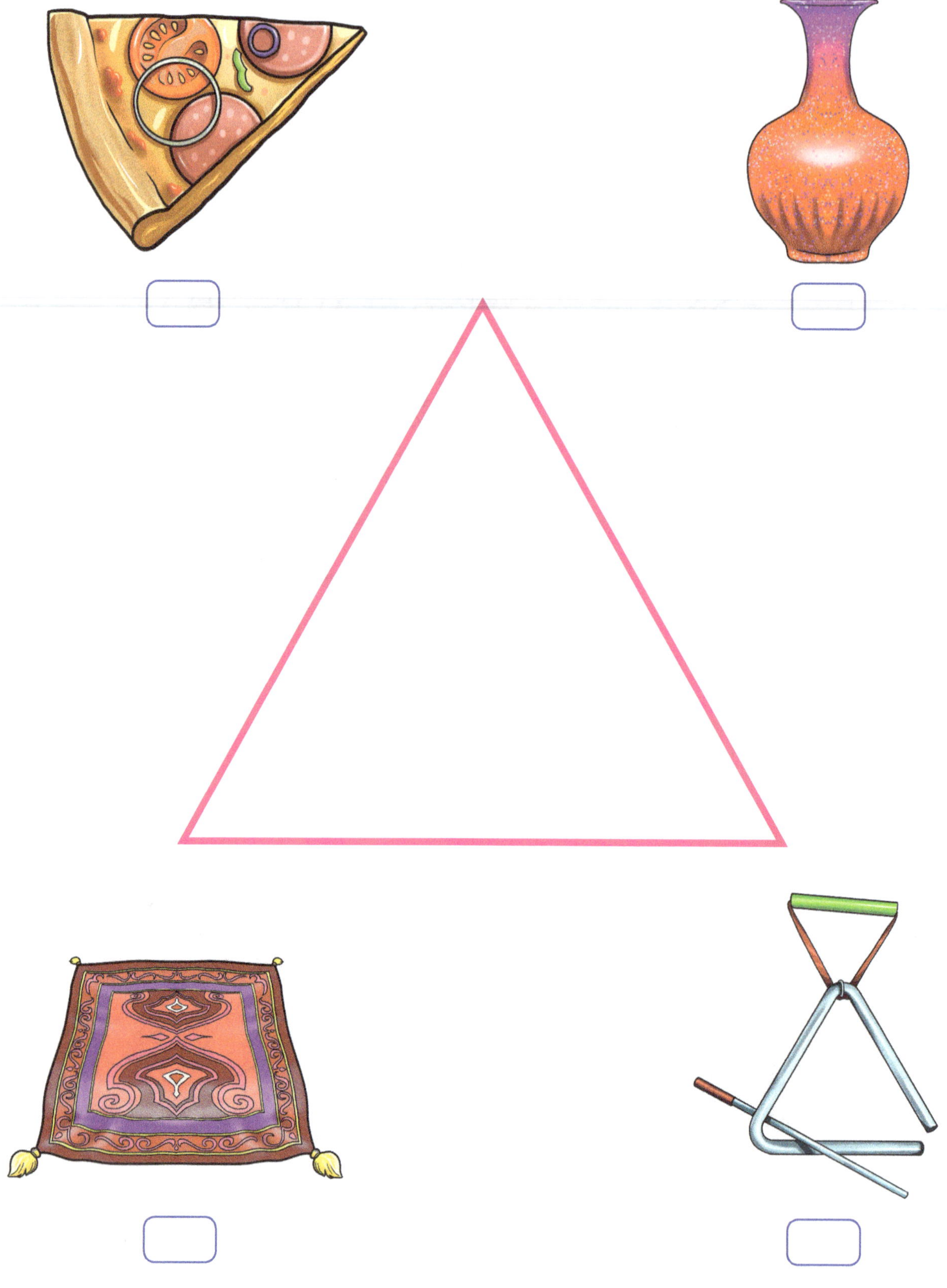

他のものと異なるものを見つけてマークします。

影にあるオブジェクトの隠れた部分を一致させます。

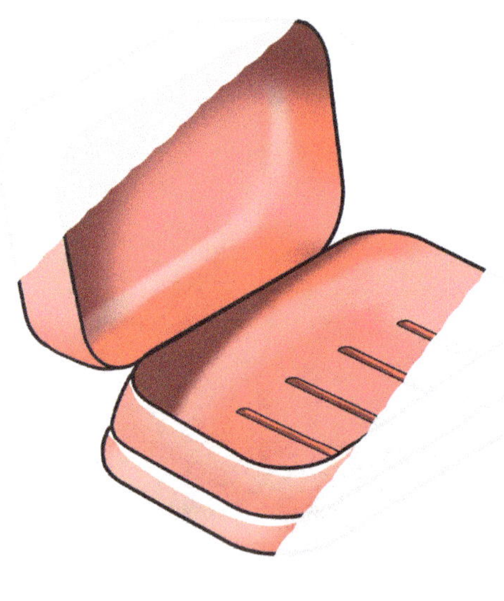

赤ちゃんの線に沿って目の体操をしましょう。このエクササイズを少なくとも5回繰り返します。

弁護士、医者、農民を注意深く見て、次のページに進んでください。

前のページを思い出して、このバッグが誰のものかをマークしてください。

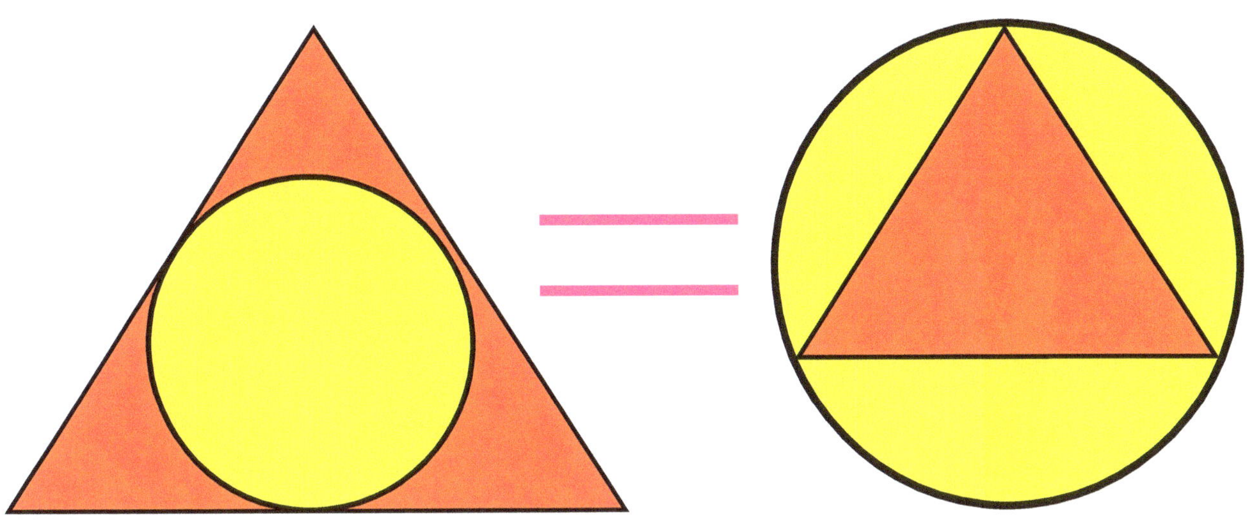

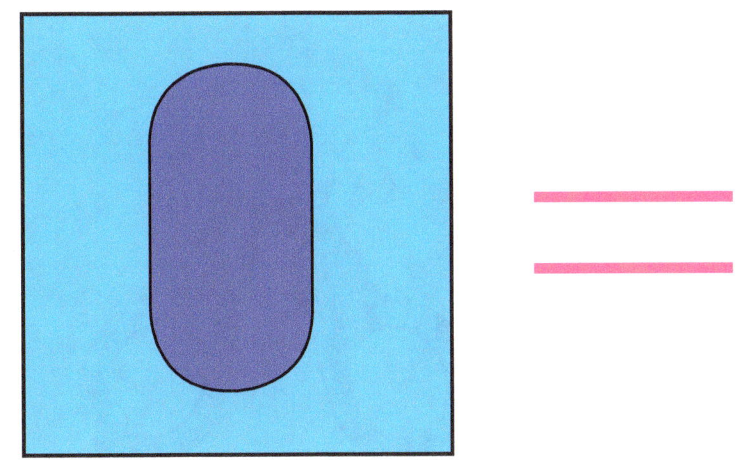

ハサミの２つの別々の部分を合わせます。

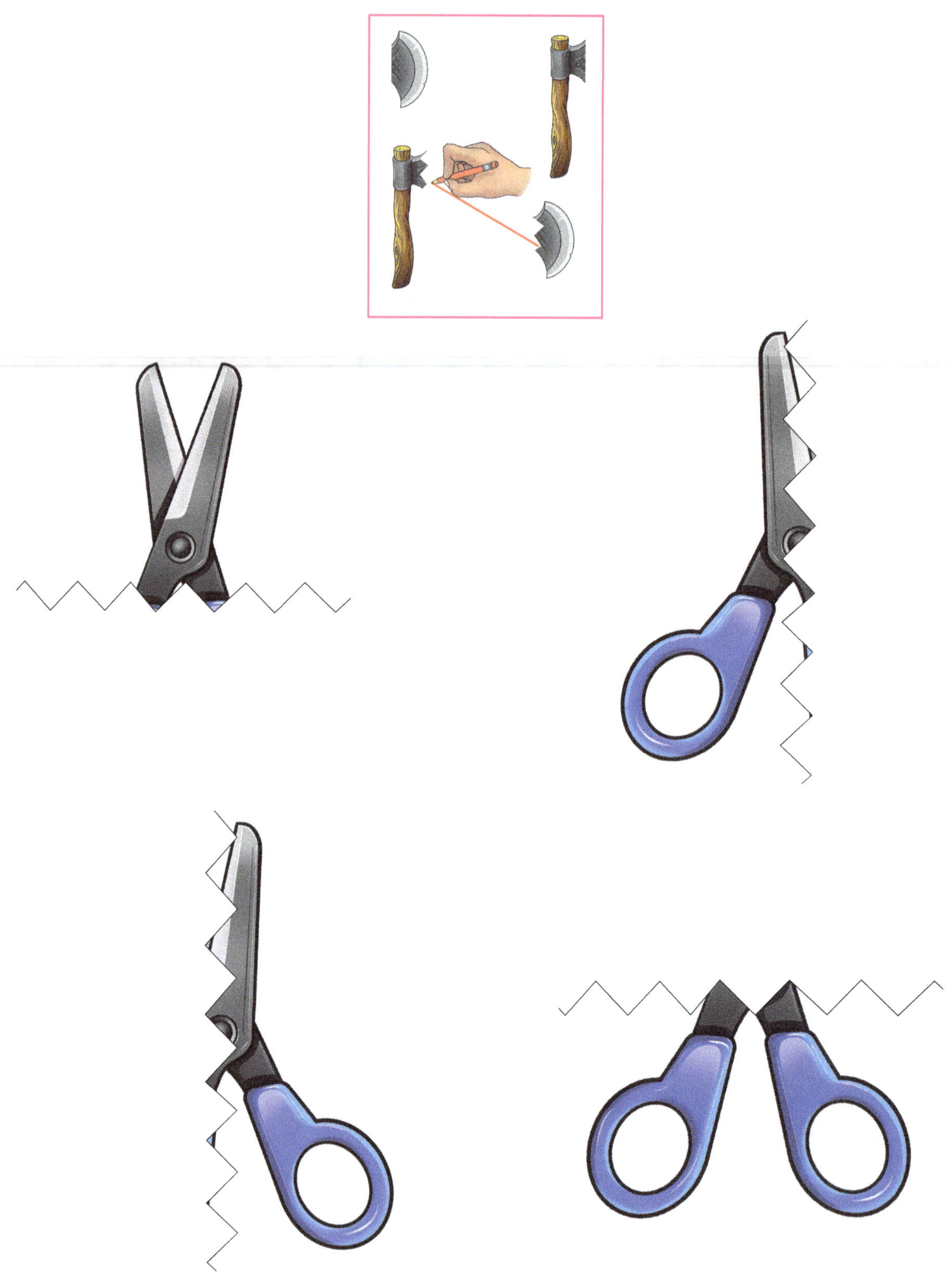

どの子供が最上階に早く上がるかを見つけてマークします。

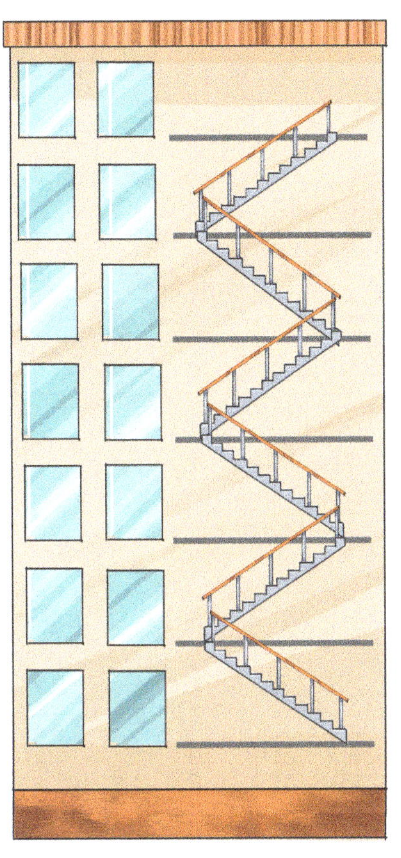

黒く塗るべきものを見つけてマークします。

鼻でどれを嗅ぐことができるかを見つけてマークします。

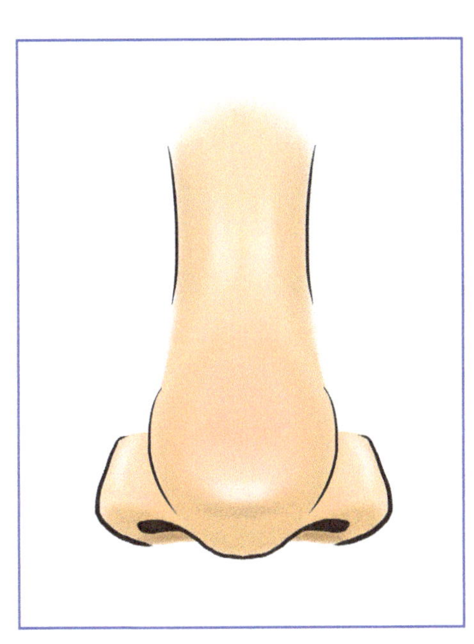

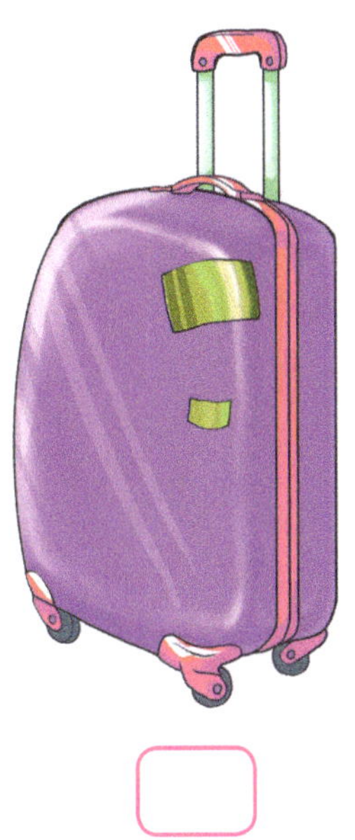

指のファミリー間で 3 つの違いを見つけてください。

どの物体が電気で動くかを見つけてマークします。

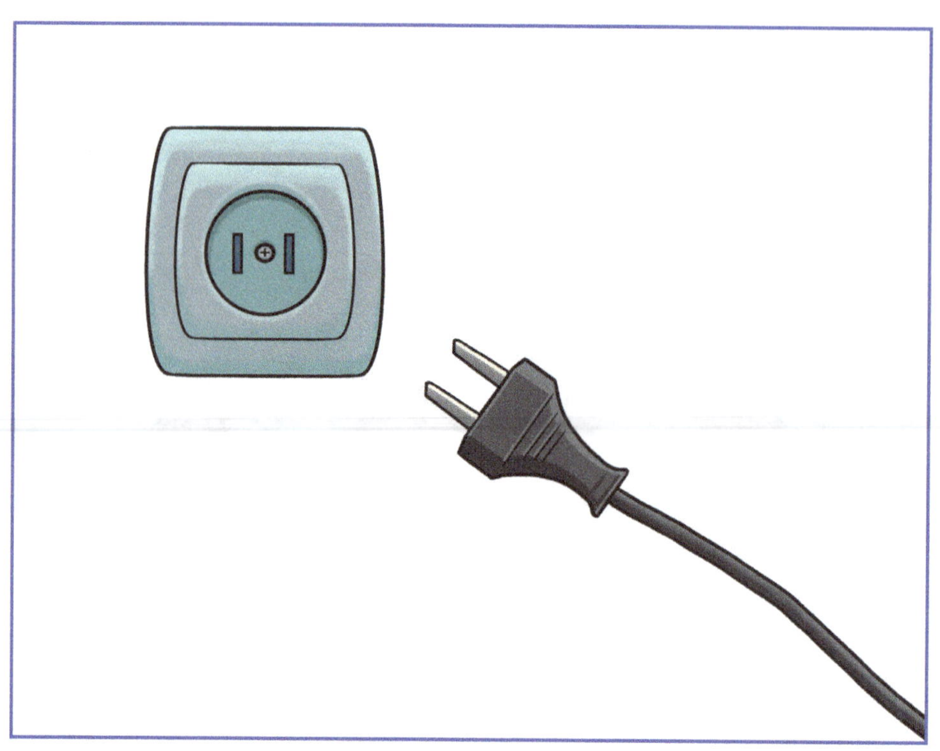

ソファの下から車を取り出すために使用されるものを
見つけてマークします。

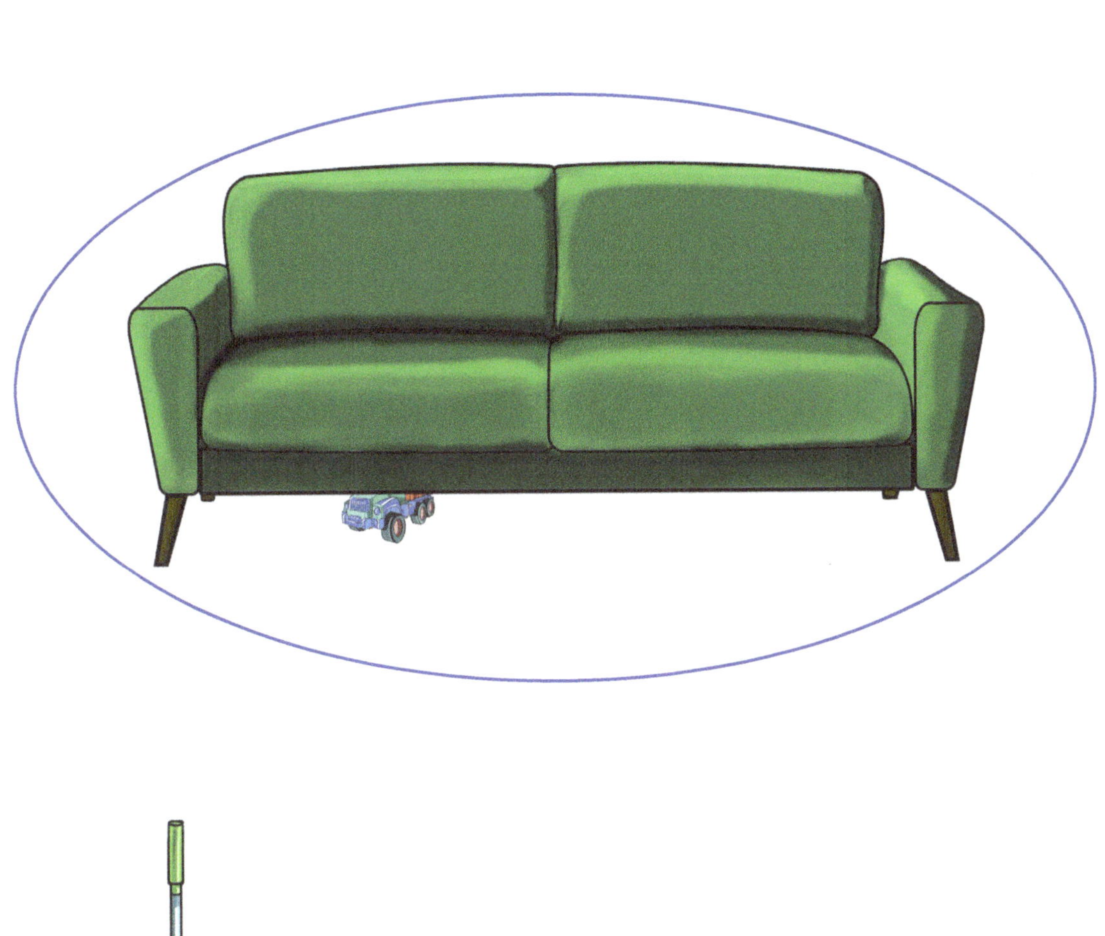

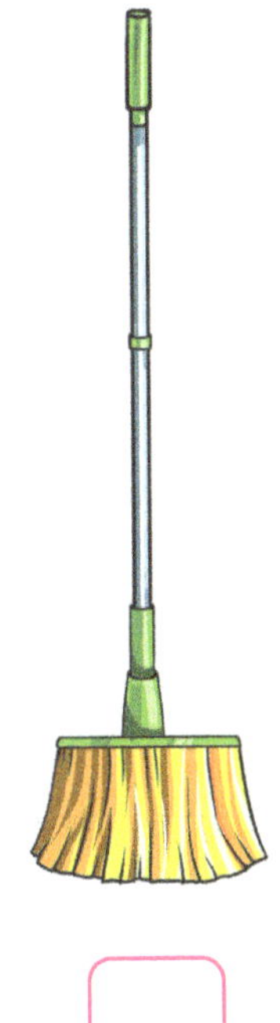

どの砂時計の減りが遅いかを見つけてマークします。

歯が痛いとき、子供はどんな気持ちですか?表情を描きます。

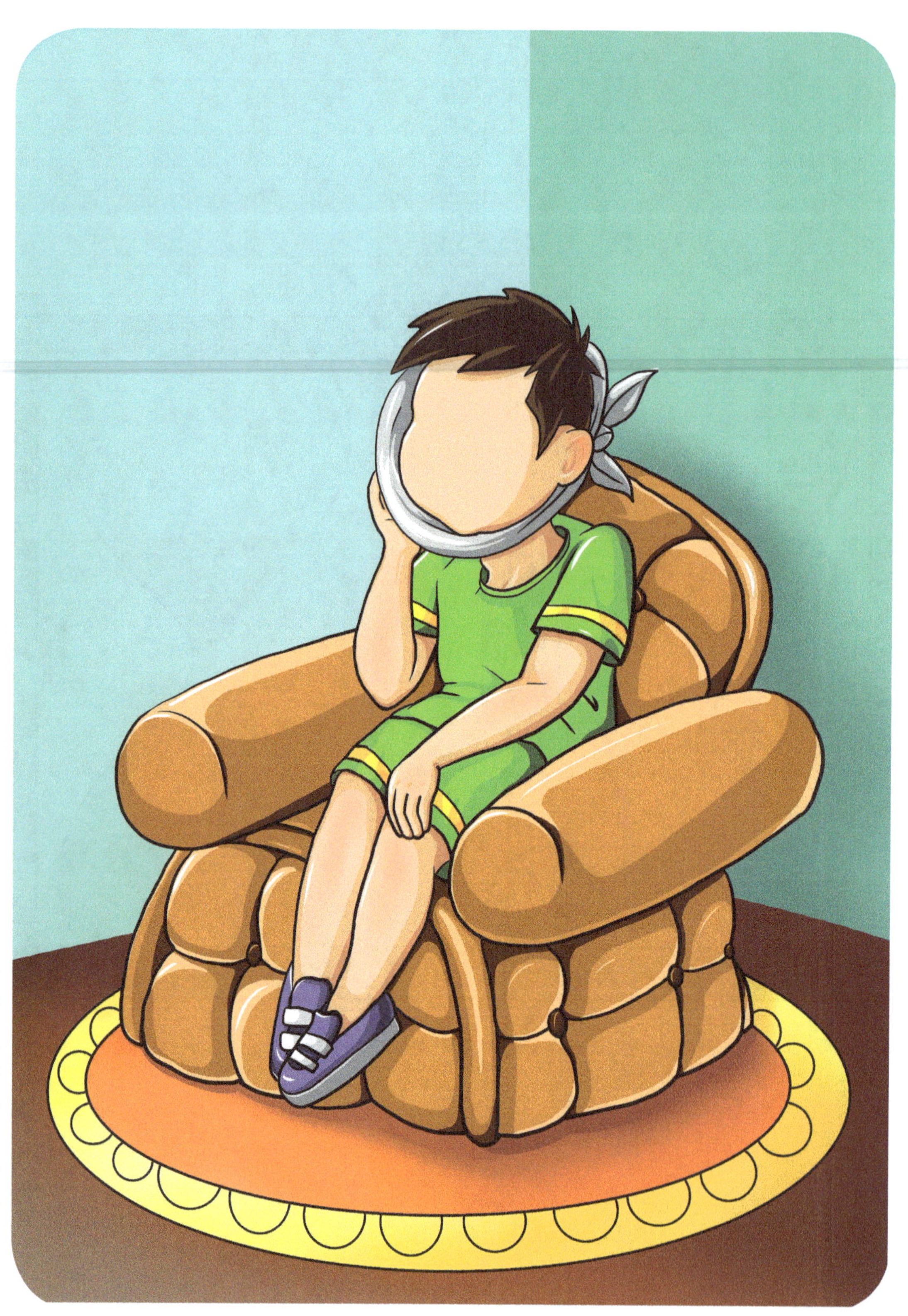

夏にふさわしい服装を選びましょう。

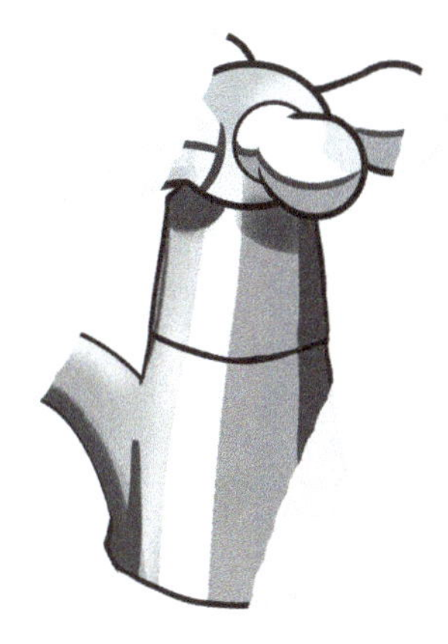

探偵の

指示:　子供は物体がなくなったと告げられます。オブジェクトは名前を言わずに説明されています。子供は行方不明の物体を見つけようとします。最初にオブジェクトを見つけた人が勝ちです。このゲームは順番に続きます。

提案:　家の中にあるいくつかの物は、子供の年齢に適したものを選択します。

空中の図形をキャッチする

指示:　　いくつかの幾何学図形を紙に描き、子供の前に置きます。両親の一人が人差し指を空中に掲げて人物の1つを描きます。子供は紙を見ながら、空中に描かれた図形を見つけようとします。ゲームは順番に続きます。

提案: 1 ページの紙と鉛筆を使用してください。

www.ingramcontent.com/pod-product-compliance
Lightning Source LLC
Chambersburg PA
CBHW082013160726
47999CB00008B/2800